LETTRE

A LA

BOURGEOISIE

DÉDIÉE A MADAME THIERS

PAR T. H.

PRIX : 40 cent.

ORLÉANS

IMPRIMERIE CH. CONSTANT

Rue Royale, 14.

LETTRE A LA BOURGEOISIE

—

DÉDIÉE A MADAME THIERS

—

PAR T. H.

A MADAME THIERS.

—

Daignez me permettre, Madame, de vous dédier cette lettre, comme un témoignage de vénération pour vous et de profonde admiration pour le nom illustre que vous portez.

T. H.

LETTRE A LA BOURGEOISIE.

—Appel à la classe riche. — La démocratie — 2 sortes de questions : Politiques, Religieuses, — Conservateurs : Légitimistes, Orléanistes. — Monarchie constitutionnelle. — Le Bonapartisme. — L'ultramontanisme. — De la nécessité pour la Bourgeoisie de se rallier à la République.

Je tente une entreprise hardie. Je cherche à réconcilier cette partie de la classe riche qui s'effraie encore au mot : démocratie, avec cette même démocratie.

Je tâcherai de lui démontrer que son propre intérêt, d'accord avec l'intérêt du pays, l'engage à s'y rallier ; qu'elle peut fournir les chefs de cette démocratie ; la diriger ; empêcher qu'elle n'aille trop loin et qu'elle ne s'égare.

La démocratie intelligente, elle, ne redoute pas l'accession aux affaires publiques des classes dites dirigeantes. Au contraire, elle a besoin de leur concours pour faire œuvre durable. Ce concours, la République le leur demande, à la condition qu'il soit sincère.

Où existe le suffrage universel, c'est la démocratie. La majorité des citoyens fait la loi.

Le suffrage universel qui remonte à la révolution de 1848, est maintenant passé dans nos mœurs. Il ne peut disparaître. Nul gouvernement n'oserait tenter pareil. entreprise. Tous y échoueraient.

Le césarisme, qui le caresse, annihile l: suffrage universel. C'est l'hypocrisie de la démocratie.

La vraie démocratie, c'est-à-dire la nation réellement libre, a pour chefs, non les hommes qui flattent les grossiers instincts de la foule, mais ceux qui rappellent au peuple ses devoirs en même temps que ses droits.

Il ne faut pas craindre d'envisager les choses comme elles sont. De ce qu'on fermerait les yeux à la lumière, il ne s'ensuivrait pas que le soleil ait cessé d'éclairer le monde. Il est nécessaire de voir ce qui est; faire bien, empêcher de mal faire.

Deux sortes de questions se posent aujourd'hui : les questions religieuses, les questions politiques.

Il y a quelques années, on pouvait encore se dire qu'il ne fallait pas inutilement compliquer la solution politique du problème religieux. Aujourd'hui les deux choses marchent de pair, ne se séparent plus : elles s'imposent impérieusement.

Il convient donc de les envisager à la fois et de chercher, pour chacune d'elles, une solution.

Cet examen veut être fait sans colère, sans

parti **pris**, mais aussi, il faut aller jusqu'au bout.

La question se pose nettement entre ceux qui se disent conservateurs, après s'être appelés tout récemment l'ordre moral, et ceux qui acceptent la République, ouverte à tous. La question se pose nettement entre ceux qui souscrivent au syllabus, l'acceptent comme un article de foi et ceux qui veulent que le prêtre se renferme dans son église.

Comme il est nécessaire de mettre de l'ordre dans ce qu'on dit et qu'on ne peut tout embrasser à la fois, je commencerai par la politique.

Que regrettent et que voudraient les conservateurs ?

Le retour du passé, d'un passé quelconque. Examinons ces passés divers.

Est-ce la restauration ?

Pour la juger, on doit sauter le règne de Louis XVIII qui fut un roi intelligent et presque libéral, mais dont ni les congréganistes ni les royalistes ne voulaient, pour considérer le règne de Charles X. Celui là fut le roi selon leur cœur, le roi modèle, le vrai roi.

Or, le règne de Charles X, qu'était-ce ? sinon le triomphe de la noblesse, la souveraineté du clergé. L'obligation d'être catholique fervent ou de le paraître. Les billets de confession pour les fonctionnaires de tous ordres. Le mépris pour tout ce qui venait de 89 : c'est-à-dire pour l'égalité devant la loi, la liberté de conscience.

Le mépris, du reste — car elle était riche en mépris, cette noblesse qui n'avait rien appris de l'exil -- le mépris pour tout ce qui n'était pas elle.

Mépris pour les ministres de la couronne qui n'étaient pas nobles; mépris pour la magistrature qui, à tort, avait cru que l'importance de son rôle dans l'Etat la faisait l'égale de ceux qui n'avaient que de vieux parchemins à l'appui de leur insolence. Quelles gorges-chaudes de la savonnette à vilain ! comme on disait bien alors : un tel n'est pas né. Ce qui signifiait que, quelle que fût la valeur personnelle d'un homme, du moment qu'il ne s'appelait pas Monsieur de... il ne comptait pas aux yeux de ces gens-là.

Quant à la bourgeoisie, elle n'était pour les nobles, que des roturiers, des vilains.

Vos grands-pères le savaient bien, eux !

Aussi, quel soulagement, quel cri d'allégresse ils poussèrent à la chute de la restauration !

Ne vous l'ont-ils pas dit ?

Le retour d'un semblable régime est donc bien impossible. « Les chassepots partiraient d'eux-mêmes » a dit une voix autorisée.

Etrange chose, d'ailleurs, qu'une monarchie qui s'appelle et qui invoque le droit divin.

Les peuples ne sont qu'un lot de moutons qui lui appartiennent.

Elle existe, non en vertu d'un contrat librement passé entre elle et la nation, mais parce que la Providence en a ainsi ordonné dans sa sagesse.

Dieu, dans ses décrets impénétrables, aurait choisi la famille des Bourbons. La France serait à eux.

Est-ce assez odieux?

Non.

C'est tout bonnement absurde.

Passons.

L'Orléanisme?

Ah! sans doute, c'est autre chose, et c'est mieux.

Ce fut même un beau moment chez vos pères. Ils ont dû vous en parler.

Si la vie ne circulait qu'imparfaitement dans le corps politique, en revanche la tête était jeune, enthousiaste.

Je le répète, c'est un beau moment que celui qui emporte la branche ainée des Bourbons et sa charte octroyée et où la chambre des députés, celle des Pairs, déclarent que « selon « le vœu et dans l'intérêt du peuple français, « le préambule de la charte constitutionnelle « est supprimé, comme blessant la dignité na- « tionale, en paraissant octroyer aux français « des droits qui leur appartiennent (*) essentiel- « lement. » (11 août 1830.)

Que de choses promises alors, dont quelques unes devinrent une réalité. : l'abaissement du cens, la juridiction du jury étendue aux crimes et délits de presse. D'autres réformes aussi furent essayées. Oh ! je ne dis pas non.

Mais le roi Louis-Philippe voulut trop gouverner, alors que le rôle d'un souverain constitutionnel consiste à s'effacer et à laisser ses ministres gouverner avec l'appui du parlement.

Ce n'est pas tout.

Ce qui devrait tuer la monarchie de juillet, ce qui l'a perdue, en effet, a été l'entêtement du roi à ne pas vouloir entendre parler de l'abaissement du cens, qu'à son avénement il avait réduit de 300 à 200 francs.

Comprenez-vous un édifice sans fondations ? n'est-il pas, à l'avance, condamné ?

Le gouvernement de Louis-Philippe s'appuyait sur quoi ? Sur la bourgeoisie, sur le commerce. Car la noblesse n'en voulait pas et la nation en était désintéressée, se trouvant en dehors du pays légal.

Le pays légal se composait de ceux qui, payant 200 francs de contributions, étaient électeurs politiques.

Pour être éligible à la députation, il fallait payer un cens de 500 francs.

Ainsi Berryer et Lamartine auraient pu ne pas être éligibles. Balzac et Lamennais n'étaient certainement pas électeurs.

(*) Le préambule de la charte de 1814 était ainsi conçu : Nous, Louis W^{or}, avons volontairement, et par le libre exercice de notre autorité royale, accordé et accordons, fait concession et octroi à nos sujets, tant pour nous que pour nos successeurs, et à toujours, de la charte constitutionnelle qui suit.

Si le cens peut jamais être pris pour base de l'électorat — et je concède parfaitement qu'il peut l'être — c'est à la condition que son chiffre élevé ne constitue pas un privilège exorbitant qui ne profite qu'à quelques-uns. Le cercle, où évolue le cens, doit s'élargir sans cesse.

La préoccupation constante d'un gouvernement constitutionnel qui vit avec le cens, doit donc être de se rendre toujours compte de l'état de l'opinion. Il peut même quelquefois être habile de paraître la devancer et de faire, de soi-même, un pas en avant.

Le gouvernement de Juillet non seulement ne fit pas de lui-même un pas en avant, mais il demeura sourd à tous les appels, même aux appels désespérés de ses amis. Il ne consentit pas à abaisser le cens.

Et le cens, surtout si élevé et avec un nombre si restreint d'électeurs, prête singulièrement à la corruption électorale.

On obtient les suffrages par un service rendu, par une promesse d'en rendre. On peut se les procurer encore autrement.

Aussi, le gouvernement fut-il accusé de corruption électorale par tous les partis.

Avec une base si fragile, il ne pouvait résister à une vraie tempête.

On le vit bien au 24 février 1848.

En trois jours, la monarchie était emportée à la suite des banquets réformistes.

Si le gouvernement de Juillet avait eu l'intelligence de la situation ; s'il eût prévenu la campagne des banquets réformistes, en consentant à l'adjonction des capacités électorales, comme on le lui demandait : il pouvait vivre quelques années encore. Si, un peu plus tard, il eût abaissé le cens et que, quelques années après, il l'eût encore abaissé prenant pour règle l'opinion publique ; s'il eût accompli certaines réformes dans l'ordre économique, alors que les idées socialistes commençaient à avoir un assez grand nombre d'adeptes, il est probable que la monarchie eût vécu une cinquantaine d'années, avant d'arriver à cette chose redoutable : le suffrage universel.

Et encore la monarchie eût pu le mitiger, y apporter cette restriction : que chaque électeur écrirait lui-même son bulletin de vote.

C'est-à-dire que tous les électeurs sussent lire et écrire.

C'eût été alors, du monde entier, le gouvernement le plus libéral.

Il ne l'a pas fait.

Il est tombé par sa faute et pour n'avoir pas voulu comprendre qu'avec une base si étroite — le cens — l'ouragan le jetterait par terre.

Dans les monarchies constitutionnelles le cens, en effet, ne saurait être un privilège définitif. Il ne doit, il ne peut être qu'une préparation, un acheminement lent, gradué vers un suffrage plus grand : le suffrage universel.

Du reste, ce régime, disparu il y a trente ans, ne compte plus guère, sinon dans les hommes âgés, de personnes qui l'aient connu. Parmi les contemporains, en petit nombre qui y ont joué un rôle, les plus considérables se sont ralliés à la forme républicaine, Rémusat, Périer, Montalivet et le plus illustre, le plus grand, un nom vénéré : Thiers !

Cette monarchie n'a donc pas de racines dans le pays. L'héridité, non plus, ne saurait s'imposer avec l'Orléanisme. Il n'y aurait pas de raison, si jamais un parlement appelait au trône un d'Orléans, qu'il préférât le comte de Paris au Duc d'Aumale.

Depuis sa visite au Comte de Chambord, le comte de Paris ne représente plus l'orléanisme, c'est-à-dire la monarchie qui tire son existence d'un contrat librement passé entre elle et un parlement, investi de la toute puissance d'une législature. Il représente le droit absolu des rois de France. Il n'est plus, avec des tendances plus ou moins modernes, que l'héritier présomptif, éventuel de celui que quelques-uns appellent Henri V.

D'ailleurs, vous rendez-vous bien compte de ce que serait la monarchie avec le suffrage universel?

Celui-ci ne doit-il pas forcément tuer celle-là.

Quand monarque et parlement sont d'accord rien de mieux. Mais le jour où l'accord cesse, qui cédera de la monarchie ou de la nation?

Et si la monarchie s'obstine, ne veut pas céder, gouverne quand même, n'est-ce pas, à un moment plus ou moins proche, sa déchéance?

Avec le suffrage universel, la déchéance de la monarchie, ou la révolution est donc toujours dans l'air.

Je le dis tout haut, parce que c'est une vérité : La monarchie ne peut vivre qu'avec le suffrage restreint.

Le suffrage {universel amène tôt ou tard la République.

La monarchie constitutionnelle, répondez-vous, — une monarchie libérale, honnête — existe à nos portes, en Belgique, en Angleterre, en Italie.

Qui le nie ? et comme vous le dites excellement, elle est libérale, honnête.

Que la monarchie, dans ces pays, dure le plus longtemps possible, c'est mon souhait, un souhait bien sincère, je vous le jure.

Où la monarchie constitutionnelle est passée dans les mœurs, où le chef de l'Etat est un honnête homme, une honnête femme, comme la reine Victoria, — dont j'écris ici le nom avec un profond respect — ah oui ! certes, la monarchie est sinon le meilleur, au moins un bien bon gouvernement.

Puissent donc les Anglais, puissent les Belges et ce pays arrivé d'hier à l'unité, l'Italie qui, plus que tout autre, a besoin de la monarchie, puissent-ils conserver leur forme actuelle de gouvernement, la conserver longtemps !

Qu'elles sachent bien, ces nations voisines et amies, que le suffrage universel, s'il est la souveraine justice, est aussi l'épreuve suprême.

Que la sagesse veut, que le soin des libertés publiques exige qu'on n'y arrive que lentement et préparé par des étapes successives qui habituent les nouveaux appelés à la pratique des devoirs en même temps qu'à l'exercice de leurs droits.

Ce n'est qu'en marchant ainsi, qu'on ne recule pas et qu'on fonde quelque chose de durable.

Qu'elles n'oublient pas surtout, ces nations amies et voisines, que la démocratie peut s'allier avec le despotisme d'un seul et que leur co-existence constitue le césarisme.

Mais enfin le jour où nos voisins arriveront au suffrage universel, ce ne sera plus qu'une question de temps pour voir la République remplacer la Monarchie.

Reste, direz-vous, une autre forme de gouvernement, monarchique cependant, qui s'est bien trouvée du suffrage universel.

Vous voulez parler de l'Empire. Je vous entends.

Réfléchissez et tâchez de vous ressouvenir.

Si vous ne vous rappelez pas, interrogez ceux qui se souviennent.

L'Empire fut le mensonge et l'hypocrisie du suffrage universel.

Qui dit suffrage universel dit : loi de la majorité.

La nation consultée, il n'y a plus qu'à se conformer à ce qu'elle décide. Elle est libre dans ses choix, et ne saurait être ni violentée ni trompée.

Maintenant, est-ce que cela se passait ainsi sous l'empire ? Avez-vous oublié les candidatures officielles, partout imposées ? Et ne vous souvient-il plus des noms de révolutionnaires, d'ennemis de la propriété, prodigués par les feuilles officielles et les préfets à poigne, aux hommes les plus honorables qui se présentaient aux élections comme indépendants ?

Le vote était emporté d'assaut. Tous les moyens bons pour y parvenir. Pendant onze ans, du reste, de 1852 à 1863, il n'y eut que quelques candidatures opposantes.

Cette absence de toute vie politique dans la nation, vous demandez d'où elle provenait. Vous vous étonnez qu'un peuple ait put se désintéresser ainsi de la chose publique. Il vous semble, n'est-ce pas ? que j'exagère, car beaucoup d'entre vous ne se souviennent pas d'y il a 20 ans.

Rien de plus vrai cependant.

Pendant onze ans, ce fut un sommeil de plomb. La France avait abdiqué. Elle ne comptait plus parmi les nations. Un homme était son maître.

Comment cela s'était fait ?

Oh ! Il y avait bien des causes.

D'abord, si la république de 48 avait été saluée avec enthousiasme par une grande partie de la jeunesse d'alors, elle avait été une surprise pour tout le monde, même pour les républicains qui ne l'attendaient pas de sitôt.

La surprise chez la classe riche, n'était pas une surprise ordinaire. Elle avait peur de ce nom de république, peur de cet inconnu qui s'ouvre à chaque chûte de gouvernement. Le souvenir de la première révolution n'était pas fait, non plus, pour beaucoup la rassurer. Elle aurait eu de la peine à se faire à la république, même quand cette république aurait été le meilleur des gouvernements. Or, nombre de républicains, jeunes, ardents, inexpérimentés, — je ne dis pas sans talent, quelques-uns en avaient un, incontestable. — Nombre de républicains s'étaient comme donné à plaisir la tâche de saper la base, si fragile, du gouvernement de leur choix, en effrayant les intérêts qui s'effarouchent si vite, en compliquant maladroitement une révolution politique mal reçue, de la solution des problèmes sociaux les plus ardus.

Cette peur, réelle chez la bourgeoisie, fut habilement exploitée par tous ceux qui regrettaient un des régimes déchus.

Les républicains par leur fougue donnaient prise sur eux : On les noircit de plus laides couleurs encore.

Aussi, cette crainte de la république, du socialisme surtout, devait faire accepter par la Bourgeoisie toute forme d'un gouvernement qui se déclarerait prêt à la défendre.

Qu'alors il se trouvât un homme à qui sa situation permît de tout oser, il pouvait tout entreprendre. Les classes riches, affolées, l'absolvaient par avance. Bonaparte était en situation. Il osa. Président de la république, chargé de maintenir la constitution qu'il avait jurée, il violait son serment. Qu'importe le parjure à qui veut être empereur !

Pour les naïfs, d'ailleurs, il consultait la nation. Il rétablissait le suffrage universel qu'une loi absurde — celle du 31 mai 1850 — avait mutilé.

2

Vous rappelez-vous ? Non. Vous ne vous rappelez pas cette date sinistre.

J'étais bien jeune, je m'en souviens, moi.

Alors se fit un silence de mort.

Les prisons regorgeaient de républicains, Les uns furent déportés à la Guyane, les autres en Algérie. Les moins maltraités, internés. C'est-à-dire les gens du nord envoyés dans le midi, ceux du midi dans le nord. « Deviens ce que tu pourras. »

La délation était partout et partout la terreur. Dans les rues, on n'osait s'arrêter à personne. Les connaissances, les amis mêmes s'évitaient. On craignait de devenir suspects en se parlant. Jusque dans sa maison on baissait la voix. Ceux qui, cédant à l'entraînement de la parole, avaient élevé la voix en parlant de ce qui se passait, souvent saisis de crainte, se relevaient pour aller voir à la porte s'ils n'étaient pas écoutés. Et celui chez lequel on était, quand la conversation tournait à la politique, vous avertissait qu'il était dangereux d'en parler, même chez soi.

Heure sombre, néfaste, où l'on jetait encore l'insulte à ceux qu'on avait assassinés ou déportés, les appelant des bandits !

Et ce fut là, pendant une longue suite d'années, le système impérial : calomnier ses adversaires, les représenter comme les perturbateurs de la paix publique, les ennemis de la propriété et de la religion.

On disait aux campagnes : on en veut à ce que vous possédez, votez pour nous qui protégeons vos propriétés ; si vous voulez entendre la messe le dimanche, votez pour nous qui, seuls, empêchons qu'on ne ferme vos églises.

Et comme ce langage était alors nouveau, on le croyait.

On exploitait habilement, aussi, le bien-être que le travail procure, que le commerce amène.

Un peu plus, on eût attribué à l'empire la régularité des saisons et l'abondance des récoltes.

Mais l'empire lui-même, à une heure quelconque — tard si vous voulez — eût été, même sans la guerre, renversé par le suffrage universel.

Si, en 1863 seulement, le pouls de la France recommença à battre ; si, seulement alors, elle commença à sortir de cette léthargie étrange dans laquelle elle s'était endormie comme un corps inerte avec l'apparence du cadavre ; la France était presque réveillée en 1869 et, une dizaine d'années encore, la nation eût repris sa souveraineté, en jetant l'empire à bas.

Il était écrit qu'il périrait autrement.

Sa chûte, en quelque sorte, est marquée par une main divine.

Voyez plutôt. Une guerre insensée est déclarée. Plus mal conduite encore. Rien n'est prêt, tout manque. Les armées sont en déroute.

Alors sonne cette heure vengeresse : Sedan !

Un empereur est renfermé dans une ville avec ses aides de camp, quand on se bat aux portes ; solicité par le général en chef de venir au milieu des troupes qui commencent à plier, lui, l'Empereur, en guise de réponse, il fait arborer le drapeau blanc !

Lui, général de nom, il livre à l'ennemi, avec

ses drapeaux, une armée qu'il ne commande pas.

O honte ! qui ne s'était jamais vue ! une armée entière livrée à l'ennemi et par le chef de l'État encore !

Deux souverains — un roi François Ier, un empereur, Napoléon Ier — avaient perdu une bataille qui les mettait à la merci de l'ennemi. Mais François Ier avait été fait prisonnier les armes à la main, se battant en désespéré ; Napoléon Ier voyant son armée en déroute, chercha, dit-on, la mort à Waterloo.

Celui-là, il se rendait, il rendait son armée, sans se battre !

Le lendemain quand on l'apprit, quel mépris il inspira, même à ses partisans. C'était fini, tout avait croulé. Car si l'on peut appeler d'une défaite, on ne revient pas de la honte. La honte ne s'efface pas, elle reste.

Oui, ils sont avec nous ceux-là — et sûrs d'eux-mêmes et sans rechûte possible — qui, la veille encore, tenaient à l'empire et qui se sentirent, à l'annonce de Sedan, frappés au cœur. Ils crachèrent sur cet homme.

Que ceux qui, aujourd'hui, reprochent à la révolution du 4 septembre de s'être faite en présence de l'ennemi, aient au moins la pudeur de se taire.

Non, ce ne fut pas une révolution que le 4 septembre 1870. Ce fut un vomissement. Où le mépris, où le dégoût domine, il n'y a plus de place pour la haine.

L'Empire debout, après Sedan, — ne fût-ce qu'une semaine, un jour—c'était le déshonneur de la France.

Cet homme qui, de lui-même, avait dit qu'il était l'élu de la Providence ; cet homme que ses courtisans appelaient le sauveur de la société, la Providence l'avait aveuglé. « Dieu aveugle ceux qu'il veut perdre » dit la Bible.

Le retour de l'Empire, ce ne serait pas seûlement la guerre à courte échéance — les hommes providentiels laissant après eux des rejetons qui se croient providentiels aussi — ce serait encore, ce serait, surtout, l'avilissement de la France devant tous les peuples, devant la postérité.

L'empire a maintenant sa légende, une légende inoubliable et que rediront ceux qui ont assisté à cette guerre lamentable.

Ils la répéteront dans les campagnes, dans les ateliers, à leur foyer.

Ils rediront — ils ont redit déjà — que, pendant que l'ennemi menaçait de les prendre en flanc, en queue, l'armée était forcée d'attendre le fusil au pied les vagons qui devaient lui apporter les munitions de guerre et les vivres ; alors que défilaient, lentement devant les troupes, les vagons qui portaient l'ex-empereur, ses aides de camp. sa suite, sa vaisselle, ses mets favoris.

Ils rediront — ils ont déjà redit — Sedan ou l'armée livrée par son empereur.

Non, jamais la France n'oubliera ce qui ne s'oublie pas : la honte !

Assez.

Je n'ai pas jusqu'à présent, parlé de l'ultramontanisme ou des cléricaux. J'y arrive enfin.

Ces mots, sous ma plume, ne sont l'expression ni de la colère ni du dédain.

. Je m'en sers, parce qu'ils sont usuels, qu'ils expriment une situation nouvelle ; parce que, d'ailleurs, ils ont été hautement revendiqués du haut de la tribune française, dans les mandements épiscopaux et qu'ils se sont trouvés jusque sur les lèvres de Pie IX.

Les ultramontains ou cléricaux n'appartiennent, à proprement parler, à aucun parti politique. Ni légitimistes, ni bonapartistes, encore moins orléanistes ou républicains, ils sont les soldats du pape, le parti du pape infaillible et « dépossédé de ses états. »

Parti remuant, dont les prétentions à une domination universelle ne sont pas nouvelles, mais qui avait été combattu, tenu en bride, jusqu'à ces 25 dernières années, par la plupart des penseurs religieux et la grande majorité de l'Episcopat.

Parti absorbant, qui est venu à bout d'imposer, malgré de nombreuses répugnances, au catholicisme tout entier, ce dogme étrange, incroyable : l'infaillibilité !

Oh non ! elles ne sont pas nouvelles, les prétentions de la théocratie à vouloir conduire, maîtriser le monde.

L'histoire des peuples de l'Europe, notre propre histoire en fournit des milliers d'exemples.

Presque partout la papauté a dicté ou cherché à dicter des lois. Elle s'était arrogé, au moyen-âge, le droit de disposer des couronnes, de déposer les princes, de mettre les royaumes en interdit. — Presque partout les rois ont dû lutter contre elle. L'histoire de France, pendant des siècles, n'est qu'une lutte continue contre les prétentions de la cour romaine.

Nos rois n'étaient pas seuls, dans ces temps-là, à combattre la théocratie : avec eux combattaient les parlements, l'université et l'épiscopat lui-même, alors le défenseur jaloux des libertés de l'église gallicane.

C'est de cette lutte incessante que sortit la déclaration de 1682. Louis XIV voulut soustraire, une fois pour toutes, la puissance royale à ces prétentions sans cesse renouvelées de Rome de tout régenter. Un concile national s'assembla que dominait, de toute la hauteur de son génie, Bossuet.

Je sais bien que les ultramontains renient cette gloire de l'Eglise de France, Bossuet. Celui que ces contemporains appellèrent le dernier des pères de l'Eglise.

Ils n'ont pas, jusqu'ici, osé renier Louis XIV. Qu'ils renient donc le roi-soleil !

Or, le concile de France déclarait que l'Eglise n'avait d'autorité que sur les choses spirituelles.

Que la puissance royale ne lui était pas soumise.

Cette déclaration devint, sous l'ancienne monarchie, la loi du royaume.

Elle devait être, d'après le concordat, enseignée dans tous les séminaires et la règle de conduite du clergé.

Est-ce que, par impossible, les ultramontains

l'enseigneraient dans les établissements qu'ils dirigent?

Est ce que le syllabus ne l'a pas condamnée ?

Le syllabus ne va-t-il pas plus loin encore ? n'anathêmatise - t - il pas quiconque prétend « que l'Eglise n'a pas le droit d'imposer ses décisions, même par la force? »

C'est la ruine du droit public, établie en France sous l'ancienne monarchie.

Et je n'ai encore parlé que de la royauté luttant contre Rome. Parlerai-je maintenant de ces principes de liberté, de tolérance, d'égalité, proclamés en 1789 par l'assemblée nationale ?

C'est l'héritage sacré de vos pères. Vous m'en voudriez de les passer sous silence.

Car, malgré des hésitations fréquentes, des craintes exagérées, vous êtes restés, vous resterez, n'est-ce pas? fidèles à ces principes qui sont la raison d'être et la gloire de la société moderne.

Eh bien ! ces principes de tolérance, de liberté, d'égalité empruntés à la plus pure philosophie et qui, aussi bien, pourraient-être tirés de l'Evangile ; l'Eglise, par la voix de Pie IX, ne les a-t-elle pas condamnés ; n'a-t-elle pas essayé de les flétrir ?

Ainsi, si l'on veut aller au fond des choses, un choix est à faire, il s'impose :

Choisir entre l'ultramontanisme, contre lequel la vieille France a lutté avec ses rois, sa magistrature, ses savants, son clergé.

Et la société moderne telle que vos pères l'ont faite en 1789.

Le choix vous appartient.

Renierez-vous le passé glorieux que 89 a

légué aux générations suivantes ? ou bien serez-vous avec vos grands pères pour :

La tolérance qui veut qu'on puisse penser différemment que soi ;

La liberté qui n'a de limites que celles qui assurent aux autres la jouissance de cette même liberté ;

L'égalité de tous devant la loi ;

Quelques-uns de vous se demandent peut-être comment concilier ces principes qui leur sont toujours chers avec les enseignements de l'Eglise à laquelle ils sont également attachés et qui les condamne.

Ils voudraient être à la fois libéraux et catholiques.

Montalembert, les dernières années de sa vie, jetait un regard désolé sur les progrès effrayants qu'avait faits partout le cléricalisme. Il y avait puissamment aidé à une époque. De là sa profonde tristesse.

N'attendez pas si longtemps que lui pour vous reconnaître.

Soyez religieux, si vous voulez ; j'entends des esprits réellement religieux.

Oui, rendez publiquement à Dieu le culte qui est l'expression de votre conviction intime.

Seulement, que votre pratique religieuse ne soit, pour le clergé, ni un moyen d'intimidation, ni un moyen de domination.

Exigez, vous aussi, que le prêtre se renferme dans son église ; qu'il vive en dehors de tous les partis.

Je crois, je répète, que vous pourrez être religieux et libéraux à la fois.

Si l'homme ne pouvait être en même temps

catholique aux yeux de l'Église et libéral, c'est-à-dire attaché à ce qui fait la dignité humaine même, c'est qu'alors le catholicisme serait à jamais condamné. Ce ne serait plus qu'un arbre mort qui, de lui-même et sans qu'on lui touche, tomberait à la longue, en poussière.

Oui, religieux, si vous voulez ; mais de la religion qui prie et qui console et qui ne maudit pas ;

De la religion encore qui respecte la Divinité dans le culte qu'elle lui rend ;

Qui ne place pas ses espérances dans de bruyants pèlerinages ni sa foi dans les eaux de Lourdes et de la Salette.

Mais ne soyez-pas, gardez-vous d'être de la religion ultramontaine qui est l'asservissement de la pensée à la théocratie toute puissante.

L'époque actuelle ne ressemble pas aux époques qui l'ont précédée.

Il n'y a plus chez nous l'enthousiasme qui a éclaté à de certains moments de notre histoire. L'expérience des révolutions qui se sont succédé a donné à la démocratie actuelle un calme, une tolérance, un bon vouloir qu'il est impossible de ne pas reconnaître.

On préfère un bien relatif à un mieux incertain.

Sans doute, il y a encore, et peut-être y aura t-il toujours, des esprits ou crédules ou ardents qu rêvent le mieux, enfanté par un coup de baguette magique ; sans doute il y a encore, et toujours il y aura, des « habiles « qui chercheront à exploiter la crédulité et l'ignorance, sachant bien, eux, le but qu'ils poursuivent. Je les appelle les uns et les autres — bien que je ne les range pas sur le même rang — des démagogues.

Je vous dirai simplement ceci : la main sur la conscience, considérez bien la démocratie ; voyez quel nombre elle est ; qui la compose ; quels hommes considérables s'y sont ralliés : franchement, est-ce qu'avec une telle démocratie, vous avez peur de la démagogie ?

Comptez les démagogues. Combien sont-ils ?

Et, n'est-ce pas une des choses curieuses de notre temps, que toutes ces déclamations intéressées aient fait si peu d'adeptes, fassent si peu de dupes ?

La vraie démocratie, elle, travaille à détacher de ce groupe, peu nombreux de démagogues, tout ce qui peut en être détaché. A mesure que la lumière se fera, le groupe deviendra plus restreint encore. Quant aux chef., ce serait peine perdue que de vouloir les rallier : leur rôle est de faire des dupes.

Vous le voyez, je ne cherche pas à vous tromper, et je donne aux choses leur nom.

Vous êtes des hommes.

Vous vivez dans une nation libre et qui se gouverne elle-même, vous êtes tenus de vous mêler à la vie publique.

Quel profit pour le pays, que sert à vous-mêmes ce cantonnement où vous êtes retranchés ?

Est-ce, que parce que vous ne vous y mêlez

as, la vie ne circule plus dans le corps polique ? Il vit sans vous, et si vous n'y faites atntion, vous finirez par n'être plus que des
embres atrophiés.

Un homme qui fermerait les yeux en plein
idi ou qui se boucherait les oreilles en pleine
ule, serait mal reçu à dire qu'il fait nuit ou
ue les rues sont désertes. Il serait le seul à
e pas entendre et à ne pas voir.

Ne soyez pas cet homme à la fois sourd et
veugle.

Quant à essayer de remonter le courant, de
e soustraire à la démocratie, qui coule à
leins bords, il n'y a pas même à le tenter.

La démocratie est, à la fois, le fait et le
roit.

Forcément, il faut vivre avec elle.

Seulement ses destinées peuvent-être bien
ifférentes.

Avec la république, c'est la liberté pour tous,
a marche lente mais assurée vers un progrès
ontinu ; c'est l'aristocratie de l'intelligence à
a tête de la nation.

Avec le césarisme qui la guette comme le
rigand dans l'ombre, la démocratie n'est
lus qu'une multitude qui ne connaît d'autre
atisfaction que les appétits grossiers et touours redoutable, même à la main du César qui
a caresse. C'est le règne des prétoriens, et
haque changement de maître peut être une
évolution.

Puisque vous ne pouvez rien contre la démocratie et qu'elle vous appelle et qu'elle vous
end les mains : venez donc à elle.

Venez-y : parce que vous lui êtes nécessaires,

que vous êtes un de ses membres essentiels
venez y aussi, parce que, sans elle, vous n
seriez rien.

Vous avez la richesse, l'instruction, le loisir
utilisez-les au profit de la chose publique.

Les fonctions électives vous sont ouvertes

En servant utilement votre pays, vou
jouirez de cette considération méritée qu'ac
quèrent les services rendus.

Sous le césarisme que seriez-vous ? qu'étie
vous sous l'Empire ? Pour quoi comptiez-vous
Vous étiez noyés dans le nombre. L'empir
avait tant de solliciteurs qui couraient aprè
l'estampille officielle que, vous, on vous déda
gnait.

Vous pouvez, au contraire, aider à la démo
cratie qui vous serait reconnaissante. La seule
chose qu'on vous demande, c'est d'être sin
cères, de venir à elle sans arrière-pensée.

Si, aujourd'hui, vous êtes délaissés ; si l'on
vous tient rigueur, c'est que l'on vous sen
hostiles. On n'a pas confiance. Si vous vous
ralliez résolûment à la démocratie, oh ! alors
toutes les défiances disparaitraient.

Le jour où l'on ne doutera plus de vous, où
l'en sentira dans vos discours, où l'on verra
par vos actes que vous agissez, non plus en
haine de la république et en vue de vos espé
rances secrètes, mais uniquement guidés par
le désir du bien public ; ce jour-là vous serez
écoutés et vous recouvrerez la légitime influen
ce qui vous appartient.

Encore une fois, ouverte à tous, la république vous appelle ; ne restez pas sourds à sa
voix.

— Vous en parlez à votre aise, vous ! vous êtes républicain. Me répondez-vous.

Eh ! sans doute, je le suis. Mais un républicain qui, en Angleterre, en Belgique, serais un monarchiste convaincu. Je suis français, cela change. Nous sommes régis par le suffrage universel, partant une démocratie. Je crois avoir établi qu'avec le suffrage universel, même sous la monarchie, on devait arriver tôt ou tard à la république. Et nous y sommes. Il faut donc s'arranger pour y vivre.

De bonne foi, la république ne vous a pas été bien méchante. Quel tort vous a-t-elle fait ?

— Elle empêche une restauration.

C'est vrai, mais quelle restauration ? Il y a au moins 3 prétendants et, en cherchant bien, peut-être en découvrirait-on cinq. Comment concilieriez-vous vos préférences et vous mettriez-vous d'accord ? quand le pays même y consentirait ; ce à quoi il ne consent pas du tout.

Vous vous taisez, vous reconnaissez l'impossibilité d'une restauration et vous continueriez à bouder la république !

Vous abdiqueriez donc ?

— Ah ! dites-vous, si la république devait être sage, rester ce qu'elle est, peut être...

Eh bien ! si vous voulez que la république soit sage, qu'elle reste ce qu'elle est aujourd'hui, mêlez-vous à elle.

De ce rapprochement, naîtra une confiance réciproque et, pour toujours, auront disparu ces défiances qui nous tiennent éloignés les uns des autres.

Ce n'est pas tout, et j'ai besoin de le dire : avec vous, la démocratie gagnera en sagesse, en retenue, en prudence. Sachant que vous la suivez, elle ralentira son pas pour que vous marchiez à côté d'elle, sans peine.

Allons, laissez-vous faire. Non par goût, soit ; faites, de nécessité, vertu.

Mais, surtout, soyez libéraux dans la démocratie, et vous aussi, démocrates, soyez libéraux. Il n'y a pas que le césarisme qui soit autoritaire. La démocratie peut l'être autant.

Libéraux, c'est-à-dire pratiquant sincèrement les institutions libres ; voulant la liberté pour tous.

Ne redoutez jamais la liberté, car, en même temps qu'elle est le droit, elle est un bien. Elle a cet avantage précieux, par le grand jour qu'elle répand, de rendre irréalisables les desseins criminels, d'où qu'ils viennent. Ils ne sont pas à craindre, parce qu'on les connaît à l'avance. Souvenez-vous que les attentats contre l'Etat se trament toujours dans l'ombre et à l'abri de lois oppressives.

Vous craindriez, ajoutez-vous, de paraître encourager, en vous ralliant à la république, certaines doctrines subversives que vous détestez.

Eh oui! il y a de ces doctrines subversives. Détestez-les, méprisez ceux qui les répandent.

Qu'est-ce que ces doctrines prouveraient ? sinon que la lumière ne s'est pas faite partout. Aidez à la démocratie à faire la lumière. Circonscrivez le foyer où elles pénètrent.

Ces doctrines n'ont rien de commun avec la République, qu'elles tendent à ruiner. Leurs adeptes sont peu nombreux d'ailleurs. Chacun faisant son devoir, leur nombre diminuéra encore. L'ombre deviendra de plus en plus rare.

N'ayez pas peur de la liberté,

Et je le répète, venez à la démocratie.

Venez-y sincèrement, noblement.

Alors, ce sera l'apaisement, la réconciliation.

Quels mots ! Messieurs, apaisement, réconciliation.

Serait-il donc téméraire à moi d'y convier les fils d'une même nation ?

T. H.

ORLÉANS, IMP. CH. CONSTANT.